On the Wing 翅膀

North American Birds 6

Andrea Voon   Richard Han

Dà chì bǎng　　dà chì bǎng shàn ya shàn
大翅膀，大翅膀扇呀扇，

hú pō li de　chuán wū jū mín　zhēn yōu xián
湖泊裏的 船屋居民 真悠閑。

Bān zuǐ jù pì tī　bān zuǐ jù pì tī　zhèng dàng shèng nián
斑嘴巨鸊鷉，斑嘴巨鸊鷉 正當盛年，

xián lái kū cǎo diàn zhe niǎo dàn
銜來枯草墊著鳥蛋。

Great big wings, great big wings, flap flap flap…

Houseboat residents in the lakes and ponds are on the wing.

Pied-billed Grebes, Pied-billed Grebes, clap clap clap…

Build their floating nests in the spring.

2

大翅膀，大翅膀扇呀扇，

湖泊裏的 嘻哈歌手 真悠閑。

巨頭鵲鴨，巨頭鵲鴨 正當盛年，

搖頭鼓翅氣度不凡。

Great big wings, great big wings, flap flap flap...

Hip-hop singers in the lakes and ponds are on the wing.

Buffleheads, buffleheads, clap clap clap...

Bob their head and rock their wing in the spring.

Dà chì bǎng, dà chì bǎng shàn ya shàn

大翅膀，大翅膀扇呀扇，

zhǎo zé li de xǐ jù yǎn yuán zhēn yōu xián

沼澤裏的 喜劇演員 真悠閑。

Zōng yìng wěi yā zōng yìng wěi yā zhèng dàng shèng nián

棕硬尾鴨，棕硬尾鴨 正當盛年，

dà dǎn qiú ǒu mài lì biǎo xiàn

大膽求偶，賣力表現。

Great big wings, great big wings, flap flap flap…

Comedy actors in the marshes are on the wing.

Ruddy Ducks, Ruddy Ducks, clap clap clap…

Perform their silly courtship in the spring.

Dà chì bǎng　　dà chì bǎng shàn ya shàn
大翅膀，大翅膀扇呀扇，

hé li de　xiǎo chǒu　zhēn yōu xián
河裏的 小丑 真悠閑。

Chǒu yā　　　chǒu yā　zhèng dàng shèng nián
丑鴨，丑鴨 正當盛年，

suí bō zhú làng bú pà wéi xiǎn
隨波逐浪不怕危險。

Great big wings, great big wings, flap flap flap…

Clowns in the rivers and streams are on the wing.

Harlequin Ducks, Harlequin Ducks, clap clap clap…

Surf on the rough water in the spring.

Dà chì bǎng　　dà chì bǎng shàn ya shàn
大翅膀，大翅膀扇呀扇，

hú pō li de　　dòu niú shì　zhēn yōu xián
湖泊裏的　斗牛士　真悠閑。

Chì jǐng pì tī　　chì jǐng pì tī　zhèng dàng shèng nián
赤頸鷿鷉，赤頸鷿鷉 正當盛年，

pī shàng dǒu péng fēng dù piān piān
披上斗篷風度翩翩。

Great big wings, great big wings, flap flap flap…

Bullfighters in the lakes and ponds are on the wing.

Red-necked Grebes, Red-necked Grebes, clap clap clap…

Thrust their bill, and hunch forward in the spring.

大翅膀，大翅膀扇呀扇，

湖泊裏的 髮型師 真悠閑。

棕脅秋沙鴨，棕脅秋沙鴨 正當盛年，

水中捕魚依靠眼瞼。

Great big wings, great big wings, flap flap flap…

Hairstylists in the lakes and ponds are on the wing.

Hooded Mergansers, Hooded Mergansers, clap clap clap…

Hunt with their special 'goggles' in the spring.

Dà chì bǎng　　dà chì bǎng shàn ya shàn
大翅膀，大翅膀扇呀扇，

hǎi li de　　chōng làng shǒu　zhēn yōu xián
海裏的　　衝浪手　真悠閑。

Bān tóu hǎi fān yā　　bān tóu hǎi fān yā　zhèng dàng shèng nián
斑頭海番鴨，斑頭海番鴨 正當盛年，

qiān tú qí jiān chéng qún jié bàn
遷徒期間成群結伴。

Great big wings, great big wings, flap flap flap…

Surfers in the oceans are on the wing.

Surf Scoters, Surf Scoters, clap clap clap…

Form a large flock in the spring.

Dà chì bǎng　　　dà chì bǎng shàn ya shàn
大翅膀，大翅膀扇呀扇，

hú pō li de　　　dù lún chéng kè　　zhēn yōu xián
湖泊裏的　渡輪乘客　真悠閑。

Bái chì hēi hǎi fān yā　　bái chì hēi hǎi fān yā　　zhèng dàng shèng nián
白翅黑海番鴨，白翅黑海番鴨 正當盛年，

yù zhī fēng yǔ zàn bì gǎng wān
預知風雨暫避港灣。

Great big wings, great big wings, flap flap flap…

Cruise ship passengers in the lakes and ponds are on the wing.

White-winged Scoters, white-winged Scoters, clap clap clap…

Show up on inland lakes in the spring.

Dà chì bǎng　　dà chì bǎng shàn ya shàn
大翅膀，大翅膀扇呀扇，

zhǎo zé li de　pí pá yuè shǒu　zhēn yōu xián
沼澤裏的 琵琶樂手 真悠閑。

Pí zuǐ yā　pí zuǐ yā　zhèng dàng shèng nián
琵嘴鴨，琵嘴鴨 正當盛年，

lù shuǐ qǔ shí dà zuǐ rú chǎn
濾水取食大嘴如鏟。

Great big wings, great big wings, flap flap flap…

Lute players in the marshes are on the wing.

Northern Shovelers, Northern Shovelers, clap clap clap…

Sweep their bills to filter food in the spring.

18

Dà chì bǎng　　dà chì bǎng shàn ya shàn

大翅膀，大翅膀扇呀扇，

hú pō li de　　fá mù gōng rén　zhēn yōu xián

湖泊裏的　伐木工人　真悠閑。

Pǔ tōng qiū shā yā　　pǔ tōng qiū shā yā　zhèng dàng shèng nián

普通秋沙鴨，普通秋沙鴨 正當盛年，

jù chǐ zhǎng zài hóng huì biān yuán

锯齿長在紅喙邊緣。

Great big wings, great big wings, flap flap flap…

Lumberjacks in the lakes and ponds are on the wing.

Common Mergansers, Common Mergansers, clap clap clap…

Hunt with their serrated bill in the spring.

Dà chì bǎng　　dà chì bǎng shàn ya shàn
大翅膀，大翅膀扇呀扇，

zhǎo zé li de　gāo ěr fū qiú shǒu　zhēn yōu xián
沼澤裏的 高爾夫球手 真悠閑。

Hēi yàn　　hēi yàn　zhèng dàng shèng nián
黑雁，黑雁 正當盛年，

xǐ ài mán cǎo　qī yú àn biān
喜愛鰻草，栖于岸邊。

Great big wings, great big wings, flap flap flap…

Golfers in the marshes are on the wing.

Brants, Brants, clap clap clap…

Feed heavily on eelgrass in the spring.

Dà chì bǎng   dà chì bǎng shàn ya shàn

大翅膀，大翅膀扇呀扇，

hú pō li de   qián tǐng bù duì   zhēn yōu xián

湖泊裏的 潛艇部隊 真悠閑。

Pǔ tōng qián niǎo   pǔ tōng qián niǎo zhèng dàng shèng nián

普通潛鳥，普通潛鳥 正當盛年，

chāo kòng qì yā   qīng sōng fú qiǎn

超控氣壓，輕鬆浮潛。

Great big wings, great big wings, flap flap flap…

Submariners in the lakes and ponds are on the wing.

Common Loons, Common Loons, clap clap clap…

Expel air to dive and swim in the spring.

Dà chì bǎng dà chì bǎng shàn ya shàn
大翅膀，大翅膀扇呀扇，

hú pō li de shuǐ lù liǎng xiàng tiě rén zhēn yōu xián
湖泊裏的 水陸兩項鐵人 真悠閑。

Xuě yàn xuě yàn zhèng dàng shèng nián
雪雁，雪雁 正當盛年，

yì fū yì qī qíng bǐ jīn jiān
一夫一妻情比金堅。

Great big wings, great big wings, flap flap flap...

Aquathlon athletes in the lakes and ponds are on the wing.

Snow Geese, Snow Geese, clap clap clap...

Fly, walk, and swim together in the spring.

Shuǐ qín　　shuǐ qín　　shàn ya shàn
水禽，水禽 扇呀扇，

chūn fēi bĕi bian qiū huí nán
春飛北邊秋回南。

Yí jì qíng rén　　zhōng shēn bàn lǚ　　zhèng dàng shèng nián
一季情人，終身伴侶 正當盛年，

huí dào gù xiāng zhú cháo fán yǎn
回到故鄉築巢繁衍。

Waterfowl, waterfowl, flap flap flap…
Travel to their breeding ground on the wing.
Seasonal partners, lifelong partners, clap clap clap…
Prepare for the breeding season in the spring.

作者　Author

溫甘玉芬

當媽前，她是孩子們的甘老師，在常年暖和的熱帶雨林，與孩子一起學習中、英文，探索文字的奧秘；當媽後，她是孩子們的溫媽咪，在四季分明的北半球，與孩子一起感受春夏秋冬的更替，一起尋找美好的童年⋯⋯

溫媽咪創作的靈感，源自於多年來的童言童語。
2021年，她成立了"溫室工作坊"，立志要出版一系列的中、英雙語繪本，結合母語和第二語言，提倡親子趣讀。精通三語的溫媽咪理解每一種語言都有其獨特的藝術形式，因此創作的雙語繪本也各含韻味、各具特色。

Andrea Voon

Over the past few years, Andrea has learned and grown with her family as a full-time mother in Canada. Back in Malaysia, she was a Chinese immersion elementary school teacher. In 2021, Andrea started her journey as an author. Growing up in a multilingual environment, Andrea loves the beauty of languages on their own. She has the vision to publish picture books to support bilingual families in raising their children in English, Cantonese, and Chinese reading.

攝影師　Photographer

Richard Han

Richard loves to practice patience through his lenses of the natural world. He enjoys observing the wildlife and photographing the natural lifestyles that animals live. He is excited to present the beautiful photos that he captured in dreamy tones and colors to all the birds lover.

溫室工作坊

BILINGUAL READING IS FUN!

Check out other bilingual picture books by Andrea Voon.

To **Shirley Han, Derek, Eliana, Alayna & Magnus Dominus**

with love -- Andrea. V

For **Richard Han**

The patience in natural photography

ISBN 978-1-998856-51-0
Text copyright © 2024 Andrea Voon
Picture Credit © 2024 Richard Han